INVENTAIRE
X 26156

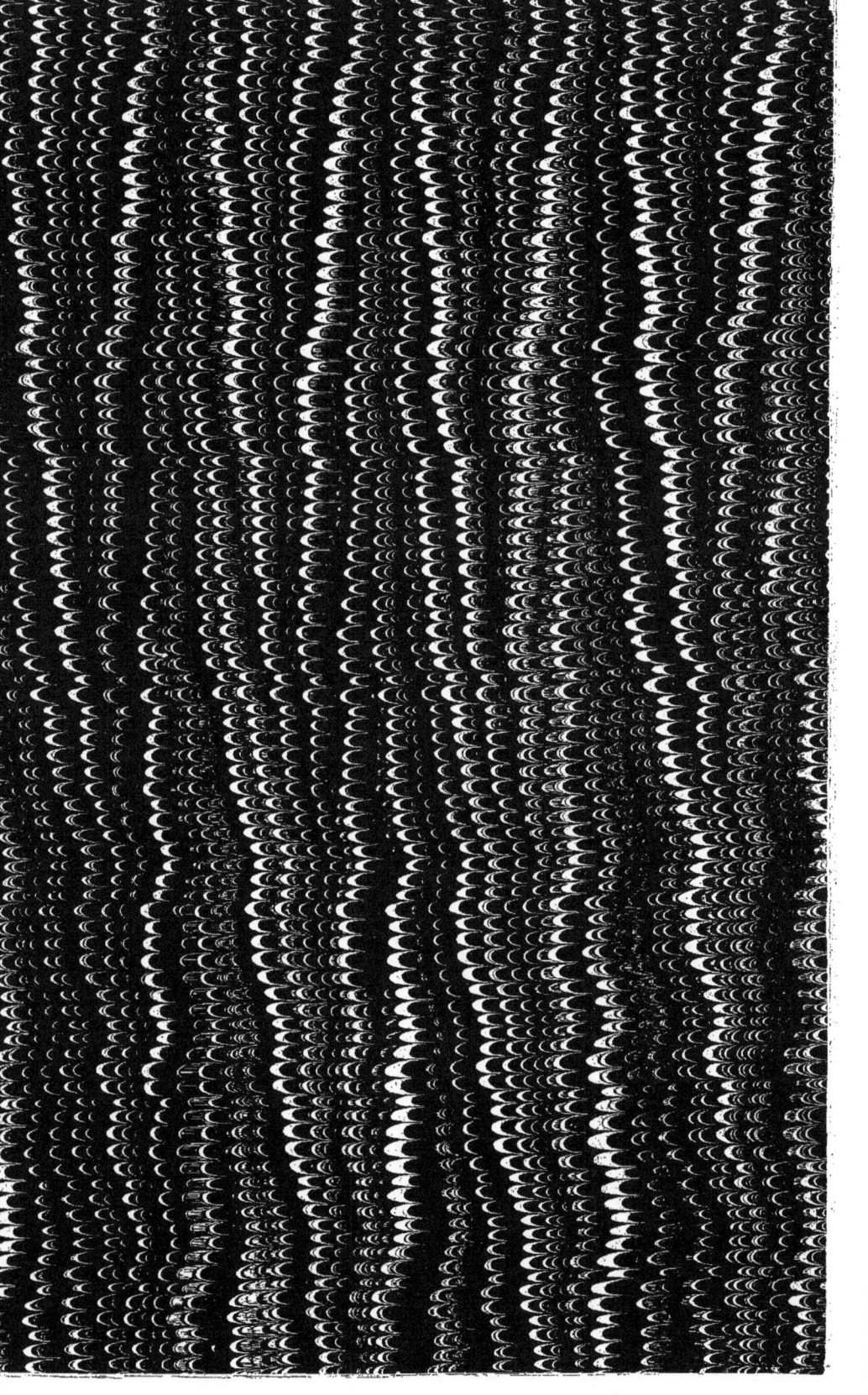

X

26156

Cte HALLEZ-CLAPARÈDE

DÉPUTÉ

DES

NOMS PROPRES

PARIS
CHARLES DOUNIOL, LIBRAIRE-ÉDITEUR
29, RUE DE TOURNON, 29

1868

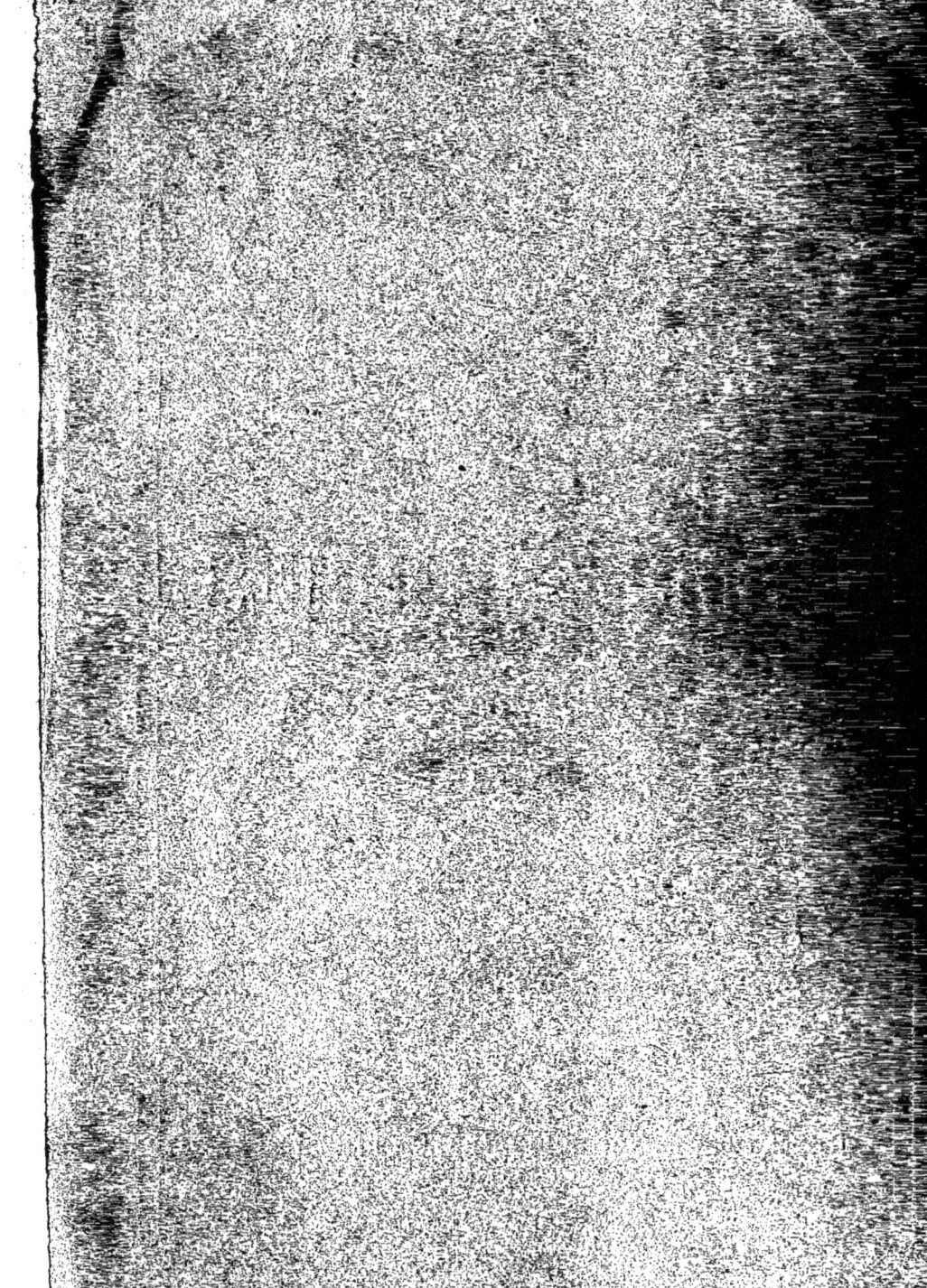

DES NOMS PROPRES

PARIS. — IMP. SIMON RAÇON ET COMP., RUE D'ERFURTH, 1.

Cte HALLEZ-CLAPARÈDE

DÉPUTÉ

DES

NOMS PROPRES

Extrait du CORRESPONDANT

PARIS
CHARLES DOUNIOL, LIBRAIRE-ÉDITEUR.
29, RUE DE TOURNON, 29

1868

DES NOMS PROPRES

Chacun de nous porte avec soi une désignation qui le personnne, qui le rattache, par des anneaux non interrompus, à l'origine même de l'humanité, et qui doit lui survivre. Cette désignation, c'est le nom. Sa valeur est universelle. Chez les peuples primitifs le nom a été une description concise et poétique. L'idée de la personne s'est toujours attachée au nom propre en le confondant avec la ressemblance : les anciens croyaient découvrir dans le nom une sorte de vertu prophétique qui dominait la destinée de l'homme [1].

Au moyen âge on dévouait magiquement un homme à la mort aussi bien en perçant son image en cire, qu'en brûlant son nom écrit sur un papier. L'anagramme était une partie de la science cabalistique. Toujours le nom a été vénéré ou réprouvé comme la personne. « A son murmure se réveille le souvenir d'un homme, de son aspect physique, de son caractère moral. Quelques syllabes suffisent à rouvrir la source des larmes d'une mère. Elles rallument dans les yeux d'un ennemi le feu de la colère, et pour l'ami séparé de son ami elles renouvellent à la fois le regret et l'espérance [2]. » Avec les progrès de la civilisation, le nom propre est devenu le lien des familles par le sang ou par l'adoption ; il a créé le culte des ancêtres.

L'honneur du nom a enfanté l'héroïsme, cette vertu qui élève l'âme jusqu'au mépris de la mort ; et c'est au divin désir de le rendre immortel que se rattachent les grandes œuvres et les nobles actions.

N'est-ce point une curiosité légitime que de rechercher ce qu'est ce signe qui nous caractérise, que nous devons transmettre à nos

---

[1] Platon, dans son *Cratyle*.
[2] E. Salverte.

enfants comme nous l'avons reçu de nos pères; de remonter, s'il se peut, aux races et aux migrations de peuples auxquelles ce nom a été mêlé; de découvrir le sens qu'il renferme et les transformations qu'il a subies; de nous rendre compte enfin de cette diversité infinie, qui chez les peuples modernes élève le nombre des noms propres au nombre des mots d'une langue [1]?

Les mots sont la définition des choses et des idées, les noms sont la définition des personnes. Il y a donc entre eux une étroite connexité. Ils sont les produits d'une même langue. Or qu'est-ce qu'une langue, si ce n'est l'histoire et le miroir d'un peuple? La philologie les confond dans une même étude. Par la racine des mots elle détermine la date et le lieu de la naissance des races. Les couches et les transformations successives qu'elle découvre dans les langues lui révèlent les révolutions et les envahissements qu'un peuple a subis, et, comme pour le monde fossile, elle recompose les nations disparues avec les débris des langues qu'elles ont parlées. La science a résolu bien des problèmes au milieu des questions qui sont encore à résoudre. Sur la route qu'elle parcourt des points sont définitivement fixés, d'autres restent encore incertains. Parmi les théories douteuses on peut ranger celles qui se rattachent à l'origine et à la formation des langues. Par quel instinct ont été réunies dans des syntaxes les notes que le gosier humain laisse échapper de son clavier? N'est-ce pas vers les frontières du Penjab, sur les plateaux qui séparent les fleuves de l'Asie, que les Ariens firent entendre les premiers la parole humaine, et que le monde ouvrant les yeux à la lumière a fait ses premiers pas?

Faut-il croire avec M. de Bonald, que le langage a été une révélation et que de même que le créateur a donné le cri aux animaux, il a, dès leur naissance, doté les hommes de la parole? — Faut-il, avec les philosophes du dix-huitième siècle, Rousseau, Condillac, Volney, penser que les langues ont suivi les progrès de l'humanité, et n'ont procédé à leur début que par des monosyllabes et des interjections? Faut-il enfin admettre avec les philologues modernes, Schlegel, Hærder, Stendhal, Grimm, Müller, Renan, que le langage fut

---

[1] Cette étude a donné lieu à des travaux nombreux et qui s'étendent chaque jour, depuis qu'en 1826 M. Eusèbe Salverte publiait son livre sur l'*Origine des noms propres et des noms de ville*. MM. Burnouf et Littré, en déroulant le tableau de la formation des langues, ont répandu sur cette question des lumières nouvelles. L'école allemande, représentée par MM. Grimm, Max Müller, Pott et Fortsmann, etc., agrandit incessamment le champ de ses patientes recherches, et depuis quelques années, parmi beaucoup d'ouvrages intéressants, ont paru en France en 1857 les livres de M. Scott sur les prénoms, en 1865 de M. Sabatier sur l'*Encyclopédie des noms propres*, en 1867 de M. de Coston sur l'*Origine et l'étymologie des noms propres*.

spontané et que chaque race a créé sa grammaire avec cette même variété qu'on rencontre dans ses mœurs et dans ses lois ?

Quand on remonte, à travers l'obscurité des siècles, vers le berceau de l'humanité, l'induction peut conduire à des vraisemblances; mais l'affirmation serait téméraire.

Ce qui est vrai cependant, c'est que chez les peuples primitifs, comme chez les enfants, la sensation, l'intuition, ont précédé l'idée, et que les premiers mots, imitation des bruits de la nature, ont dû être des onomatopées le plus souvent traduites par des monosyllabes [1]. Ce qui est certain, c'est que nulle part les langues n'ont été une invention individuelle : le génie le plus vaste aurait été impuissant à les créer. Elles sont l'œuvre collective et anonyme des peuples. Elles portent l'empreinte du climat et du génie des races, douces sous le ciel d'Ionie, rudes et fortes dans les déserts de l'Arabie. Le caractère, le génie, les habitudes des peuples s'y traduisent visiblement. Ce qui est certain, c'est que les langues les plus anciennes ont toutes été synthétiques, et que le sens principal s'est concentré dans un radical, substantif, adjectif ou verbe; que ce germe commun est resté indolent au Mexique, au Groënland, dans les îles de l'Océan Pacifique, où la phrase se résume en un verbe; que ce germe s'est développé chez d'autres peuples avec une fécondité merveilleuse. Ainsi la langue basque possède jusqu'à onze modes de conjugaison.

Ce qu'on ne saurait contester davantage, c'est que les langues, comme toutes les choses de ce monde, ont leur grandeur et leur décadence; qu'à leur période d'épanouissement succède celle du déclin. Le sanscrit, après avoir chargé de ses effluves les peuples qui, nés près de ses sources, se sont écoulés vers l'Europe, a subi trois transformations [2], avant de tomber à l'état de langue morte. Le zend, la langue de Zoroastre, est absorbé par le persan. Le grec et le latin aboutissent au valaque, et cependant, à travers les ruines, on aperçoit encore les signes de la richesse première; et la langue grossière qui survit conserve parfois les ornements de son ancêtre, à savoir l'accent et la prosodie.

Ce que l'histoire démontre encore, c'est que la variété des langues,

[1] Voici quelques-uns des monosyllabes qui se retrouvent comme des germes communs à toutes les langues : *Ban, bar,* élevé; *ber,* fort, puissant; *cap,* sommet; *com,* avec; *gra,* graver; *fac,* action; *tor,* force; *gen,* production; *ker,* ville; *par,* passage; *sac, sec,* couper; *sen,* vieillesse; *thent,* pays; *tac,* coup; *war,* eau, etc. Le mot *nom* se reproduit presque universellement : les Indiens disent *naoum,* les Persans *nam,* les Goths *namo,* les Germains et les Anglais *name,* etc. M. Sabatier a recueilli plus de mille mots monosyllabiques empruntés aux langues celtique, latine et tudesque.

[2] Le pali, le prakrit, le kavi.

dont la tour de Babel est le symbole, s'est produite dès les premiers jours, quand la première famille, se séparant, a créé les premières tribus. Après des siècles, rapprochées par leur extension, elles se sont retrouvées, et, dans une seconde période, elles ont tendu à se refondre. Les vingt-deux langues que parlait Mithridate aux vingt-deux peuples de son armée ont conflué vers une seule, et dans le petit territoire de la Grèce, les peuplades, si variées, qui avaient chacune leur langage, ont mêlé, sous une action commune, leurs dialectes et leur nationalité. Et pour prendre un exemple qui nous ramène à notre sujet, notre langue française, formée de trois éléments principaux, le celte, le latin, le tudesque, décomposée en nombreux dialectes, s'est dégagée de ce morcellement à mesure que le pays lui-même se dégageait de la conquête et des partages féodaux. L'un et l'autre ont passé par les mêmes étapes. La langue a été une quand la nation, dans ses progrès, recouvrant l'ancien moule de la Gaule, a définitivement repris son unité.

Les langues dénotent le caractère et les habitudes d'un peuple : « Tout ce qui constitue le génie de la langue, a dit Abel Rémusat, serait aussi bien nommé le génie de la nation. » L'idée religieuse apparaît dans la langue théocratique des Hébreux : cette langue synthétique qui s'étend à peine à six mille mots, en compte plusieurs centaines pour exprimer le mot Dieu (*El* ou *Jah*), et ce monosyllabe entre dans la plupart des noms. Le syriaque, le phénicien ont de nombreux synonymes pour dire la mer et les troupeaux. En Perse beaucoup de noms se combinent avec les mots *hydasp*, *adasp*, de *asp*, fleuve, richesse du pays ; en Tartarie le mot *Tscherkess* (fils de la laine) désigne à la fois le pays, et sa principale production, à savoir la laine. En Grèce, l'idée mythologique et démocratique s'accuse par les noms d'Apollodore, Diodore, Démocrite, Démoclès. Le réalisme des Romains se traduit par des noms et des surnoms qui peignent surtout la personne extérieure : Flavius, Albinus, Niger, Balbus. Enfin chez les races tudesques, les noms ont un sens poétique et guerrier, et sont comme un attribut de force et de courage.

Tous les noms propres et les mots primitifs ont un sens, une signification. Ils sont toujours une description abrégée. Comme les autres mots, aucun d'eux n'est arbitraire et l'on en peut trouver l'étymologie. « Il n'est pas dans la nature de l'homme d'appliquer à la chose dont il s'occupe des sons qui ne réveillent aucune impression dans sa mémoire, aucune idée dans son esprit [1]. » Depuis le nom d'Adam ou d'Edom [2], qui signifie terre rouge, jusqu'aux noms

[1] E Salverte, t. I, p. 7.
[2] Adama (ville rouge), bâtie en briques rouges. Les Arabes disent en forme de

contemporains, il n'en est pas qu'on ne puisse expliquer par des recherches attentives. Il est vrai que l'étude en est souvent rendue difficile. Sous l'influence du temps, des révolutions, des climats, les mots ont subi des altérations qui les ont transformés [1]. Les voyelles et les diphthongues changent de valeur d'un peuple à un autre. Dans notre propre langue, que de variations ne pouvons-nous pas constater! Nous disons *mer* et *maritime; sel* et *salé, cheval* et *cavalier, candélabre* et *chandelier, prendre* et *prise, reddition* et *rendre,* etc... Nous avons changé la plupart des voyelles que nous avons empruntées aux autres langues. Ainsi pour les noms propres. De *Rutland*, celte, nous avons fait *Rolland;* de *calvus*, latin, nous avons fait *chauve.* Il en est de même des mots qui ont un sens général. Pour ne parler que des emprunts que nous avons faits à la langue latine, de *vox* nous avons fait *voix; locus* a produit *lieu; nox* a donné *nuit* et *nux* a donné *noix :* les terminaisons en *or,* nous les avons transformées en *eur.* Ainsi, *dolor, terror, major,* ont fait *douleur, terreur, majeur.* Comme l'a dit énergiquement M. Génin, en nous appropriant en partie la langue latine, nous l'avons éventrée, nous avons arraché à la plupart des mots leur consonne principale ; ainsi de *ductum,* nous avons fait *duire,* dont il nous reste les composés *déduire, induire,* etc.; nous avons cessé d'écrire *nuict* et *fruict,* en supprimant le *c*, la lettre radicale du latin ; et nous avons remplacé par l'*e* muet toutes les finales sonnantes. *Claudius* est devenu *Claude.*

La différence des prononciations efface encore l'identité des mots : pour *civita,* les Italiens disent *tchivita;* pour *patience,* les Anglais disent *pechent.* La conformité de la prononciation dans la même langue pour des mots ayant un sens différent n'est pas un moindre obstacle ; nous prononçons de la même manière *vain, vin, vint* et *vingt.* A ces altérations communes à tous les mots dont on recherche l'étymologie, il faut ajouter comme difficultés spéciales aux noms propres, la confusion avec le prénom (*agnomen*) et le surnom (*cognomen*), et la connexité du nom avec la qualification de père ou de chef, qui des langues hébraïque et arabe s'est perpétuée dans les langues slaves ; ex : *Abou-Thaleb, Alexiowitz.* En outre il faut se défier des erreurs de traduction, erreurs qui ont amené des métamorphoses

souhait : « Que Dieu te rougisse la figure. » Le rouge, la pourpre, éclate aux yeux, a dit Fourrier, comme le clairon éclate à l'oreille.

[1] Ainsi les langues modernes ignorent l'emploi du *gh* arménien et lui substituent, ce qui est insuffisant, la lettre *l*; elles expriment par le *g* dur l'*r* des Arabes. Cette même lettre *r* n'existe pas chez les Chinois, non plus que les lettres *b* et *d*, qu'ils remplacent respectivement par les lettres *l, p, d*. Le *jota* espagnol et le *ch* allemand n'existent ni dans le français ni dans l'anglais. Le *théta* des Grecs, le *th* anglais, le *z* espagnol manquent également au Français. L'Allemand ne connaît pas l'usage de nos deux *ll* mouillées.

méconnaissables. Ainsi le même héros de l'*Iliade* que les Grecs appelaient *Odusseus*, les Latins le nomment *Ulysse*. Les Grecs, selon Hérodote, appelaient *Myrsil* ce même roi de Lydie que les Lydiens nommaient *Candaule*. Auguste était appelé *Sébaste* par les villes de la Grèce. Enfin, il faut tenir compte des déclinaisons, qui se rencontrent même dans notre langue. *Pierre*, *Jean*, *Michel* font, au génitif, *Depierre*, *Dejean*, *Desmichels*. Pareillement, *maître*, *clerc*, deviennent, au datif, *Aumaître*, *Auclerc*[1]. Des empreintes vieillies des patois, des altérations de prononciation, de nos jours encore font des noms tels que *Coëtquen*, *Talleyrand*, *Broglie* : noms si différents à l'oreille de *Cottquen*, *Tallerand*, *Breuil*.

Ces difficultés n'ont pas découragé les philologues modernes. En Allemagne surtout où l'érudition est si patiente, des savants tels que MM. Fortsmann, Graff, Pott, ont déroulé déjà en partie le tableau de la généalogie universelle. Ce dernier vient de publier un glossaire qui ne renferme pas moins de vingt-six mille noms. Le principe sur lequel repose son livre, si bien analysé par M. Ritter, c'est qu'il n'y a point de noms propres; ou, pour mieux dire, que ces noms ont commencé par être des noms communs et significatifs, et que si le sens en est perdu aujourd'hui, il n'en a pas moins existé à l'origine et qu'il peut se retrouver. Pour arriver à cette démonstration, il a fallu comparer attentivement entre elles les langues européennes, et particulièrement l'allemand, qui remonte au quatrième siècle, et retrouver les liens qui les rattachent au sanscrit, leur mère commune. Des recherches analogues ont été poursuivies en France par des hommes d'un grand savoir, notamment par MM. Sabatier et de Coston. Ces travaux réunis, en donnant la clef d'un grand nombre d'étymologies, ne sont pas seulement curieux au point de vue de la linguistique : ils sont féconds pour l'histoire. En ce qui concerne notre langue française, ils nous font suivre les phases de sa formation et de son développement. Ils nous montrent, ainsi que l'a si bien établi M. Littré, le latin rencontrant dans les Gaules le celtique, heurté à son tour par le tudesque; la lutte et la fusion partielle de ces trois langues étrangères, venues les unes et les autres des contrées lointaines de l'Asie, toutes trois conquérantes du sol qu'elles occupaient. Les mots celtiques sont pieusement recueillis ; on les recherche en Bretagne, dans le pays de Galles, et jusque dans les hautes terres de l'Écosse. On étudie en même temps les origines tudesques, et on reconnaît avec M. de Chevalet[2], que l'élément germanique entre pour un quinzième dans la formation de notre vocabulaire primitif.

[1] On pourrait encore citer *Desplanques*, *Delbecque*, *Desbœufs*, *Alavoine*, *Aladenize*, etc.

[2] *Origine de la langue française*, de Chevalet, t. I, p. 4.

La domination principale fut celle du latin. Partout cette vigoureuse semence a fructifié. Alors que Rome a perdu sa puissance, quand elle n'impose plus au monde ses lois politiques, elle impose encore sa syntaxe. Elle conquiert le conquérant. En vain les Barbares pénètrent jusque dans ses murs; leur langue s'arrête aux frontières du Rhin, et la Gaule, dans ses municipes qui survivent, dans ses églises qui s'élèvent, ne prononce que des mots latins. Cependant, sous l'action mystérieuse de ces peuples qui s'agrègent, le latin s'altère à son tour. Il perd ses déclinaisons; on lui impose l'article; le neutre est supprimé. La langue romane commence à naître. On trouve ses premiers vestiges au huitième siècle, dans la litanie du diocèse de Soissons; au neuvième, dans les serments échangés à Strasbourg entre les fils de Louis le Débonnaire. Au dixième, les progrès sont sensibles, et des chroniques récemment découvertes[1] nous révèlent que Hugues Capet ne parlait pas d'autre langue que la romane, et que dans son entrevue à Rome avec l'empereur Othon, ce n'est que par interprètes qu'ils purent conférer. Avec le onzième siècle commencent les grandes compositions poétiques, et parmi elles la *Chanson de Rolland*. Alors Guillaume le Conquérant écrit en langue romane les premières lois de l'Angleterre. Puis dans les siècles suivants viennent les chansons de gestes, les traductions des psaumes, les poëmes de la Table ronde; Ville-Hardouin, Joinville, Froissart, etc... Ce mouvement merveilleux aboutit au seizième siècle, pour la prose, à Rabelais, Amyot et Montaigne; pour la poésie, à Marot, Ronsard et du Bellay. Alors apparaît toute formée cette belle langue française, franche comme son nom, variée comme ses origines, rapide et conquérante comme le peuple qui la parle. Conquérante en effet, car elle passera les frontières et deviendra la langue du Levant. Elle sera parlée dans les forêts du Canada, et on la retrouvera dans les environs de Berlin, transportée par les réfugiés de l'édit de Nantes.

Les noms propres se déroulent parallèlement, et prennent les empreintes successives des trois langues. C'est ce qu'il sera facile de démontrer. Leur étude, en apparence aride, mène à une conclusion vraiment digne d'intérêt, à savoir que les noms propres mesurent les progrès politiques d'un peuple, et qu'ils suivent les degrés de la civilisation. Leur filiation ne s'établit et leur hérédité ne se fonde que dans les sociétés régulières. Chez les peuples barbares, la femme, l'esclave n'ont pas de noms; les hommes libres eux-mêmes ne sont que des multitudes; les chefs seuls se distinguent par un nom, qui n'est qu'un adjectif. Chez les Romains, l'hérédité des noms est contemporaine des plus grands jours de la République.

---

[1] *Chroniques du moine Richer*, retrouvées à Bamberg en 1855.

Atteinte par les édits despotiques de Caracalla, elle disparaît sous l'invasion. Le christianisme, en relevant l'homme, consacre son nom par le baptême. Bientôt le nom s'attache à la terre, et la terre se rattache à l'homme. L'affranchissement des communes et l'émancipation des noms se confondent dans les mêmes dates. L'état des personnes et tout ce qui constitue la dignité individuelle est chaque jour mieux réglé, et les noms prennent d'autant plus d'importance qu'on avance davantage vers la liberté. L'histoire donne la preuve de ce double enchaînement. Peu de mots et peu de noms vraiment celtiques nous ont été conservés. La tradition en les portant jusqu'aux premières langues écrites les a altérés dans ses transmissions. Cependant des savants anglais, M. Owen pour le gaëlique, M. Armstrong pour l'écossais, M. O'Reilly pour l'irlandais, chez nous M. de la Villemarqué pour le breton[1], en ont réuni les glossaires.

On y retrouve pour les noms propres les attributions, les qualités, qui distinguent ces peuples énergiques. Le sens rappelle le nom des animaux sauvages qu'ils combattaient, les circonstances de la naissance, le souvenir des lieux qu'ils habitaient. Parmi les noms celtes[2] qui se sont conservés, on trouve *Ber, Behrt*, illustre ; *Bald* et *Barr*, audacieux, guerrier ; *Cham*[3], chaud ; *ger*, employé tantôt comme adverbe, beaucoup, tantôt comme adjectif, armé : *God*, Dieu ; *gard*, jardin ; *haut, hut*, célèbre ; *march*, cheval ; *mund*, protecteur ; *wald, wand, gand*, forêt ; *wrang*, dur, féroce ; *hart*, vif, véhément ; *hervé*, amer ; *trog*, plonger ; *warn*, aulne, sapin ; *dur*, eau[4] ; etc.

Tels sont sans doute les noms les plus anciens de notre France, les noms des plus anciens propriétaires du sol ; car, nous le verrons, le nom est lié à la terre : les plus nobles, on peut le dire, car ils ne rappellent aucune profession, aucune dépendance. Ceux qui les portaient, après s'être illustrés dans les guerres de l'indépendance contre les légions de César, entrèrent dans les sénats des villes et devinrent citoyens romains. Ce qui peut donner la mesure de leur valeur, c'est d'une part la série des titres par lesquels ils sont désignés dans les documents contemporains, *Seniores, potentes, meliores, majores*, et de l'autre, le petit nombre d'hommes libres que renfermait la Gaule à la fin de la domination romaine[5]. On distingue parmi ces noms les

[1] De Chevalet, t. I, p. 218.
[2] Celte, kelte, caled, calédonien.
[3] *Cham*, chaleur, d'où *camina*. C'est la racine de nombreux noms français, tels que *Chamont, Chamissot, Chamigny, Chamillard*. Poinsinet de Sivry, dans son livre *de l'Origine des premières sociétés*, voit dans les individus qui portent ces noms des descendants des Chamaves, une des tribus des Francs.
[4] *Court de Gébelin*, t. VIII, p. 306 et sq.
[5] De ces noms dérivent les suivants : Aubert, Albert, Berthe, Bertin, Gibert, Gilbert, Hébert, Joubert, Robert, Baude, Baudouin, Thierry, Guillebaud, Guillemot,

suivants : Bert, Bertrand, Bernard, Lambert, Dietrich, Gérard, Gauthier, Burckward, Garnier, etc. Dans cette vaste étendue qui comprenait la Belgique et s'étendait jusqu'au Rhin, on comptait à peine sous le règne de Constantin un million d'hommes libres[1]. Pendant cette domination de quatre siècles « qui broya la Gaule sous la meule implacable de sa fiscalité[2] », bien des noms romains s'implantèrent dans le sol, tels que Claudius, Clodion, Sulpicius, Sulpice, Villarsa, Villars, Sennectère, de *Sanctus Nectarius*. D'un autre côté, les familles gauloises se mêlaient aux Romains par plusieurs causes, et notamment par les fonctions municipales qu'elles subissaient comme des otages, ou qu'elles recherchaient comme un refuge. Par la fusion[3] se formèrent des noms moitié celtes, moitié romains, tels que *Hermandus*, Herman, Armand, *Arn-aldus*, Arnauld, *Boverius*, Bouvier, Bovier, Boyer, *Coudert* (pâturage commun), *Cotterel*, Couteau, et tant d'autres noms recueillis dans les glossaires de Ducange et de Carpentier.

A l'époque de l'invasion des Barbares, il y avait en Gaule deux langues principales, modifiées par des dialectes qui séparaient encore les contrées intérieures suivant les limites des grands fleuves et des vastes forêts. Il existait juxtaposés, nous l'avons dit, des noms romains, des noms gaulois, et des noms gallo-romains, dérivant les uns des autres; à quoi il faut ajouter, sur le littoral phocéen, les noms que la Grèce avait marqués de son empreinte, tels que les noms de Lycon, Bouzigues, Capuron, Droz, etc., qui existent encore aujourd'hui. Au cinquième siècle, quand s'ouvrit sur le monde, suivant l'expression de Jornandès, cette fournaise du genre humain dont l'éruption descendit des glaces du pôle et des plateaux de l'Asie jusqu'à l'Océan, quand les Quades, les Vandales, les Sarmates, les Alains, les Gépides, les Hérules, les Burgondes, les Goths, les Allemands et enfin les Francs[4] qui arrêtèrent le torrent en se retournant contre les flots qui les suivaient, envahirent la Gaule, tout fut atteint à la fois, la domination politique, les institutions et la langue. La lave couvrit tout, hors le sommet des Pyrénées, des Cévennes et quelques parties de la Bretagne; elle tordit et mêla jusqu'aux mots dans ses bouillonnements.

Germain, Gefvais, Ermengard, Gardinier, Godefroy, Godart, Mingot, Turgot, Ludwig, Louis, Aumond, Edmond, Richemond, Harmon, Vauthier, Burckard, Edward, Marck-Ward, Warnier, Vernier, Lavergne, Benard, Richard, Gothard, Durand, Ruttland, Rolland, etc.

[1] Henri Martin, *Hist. de France*, t. I, p. 292.
[2] *Moines d'Occident*, t. II, p. 252, par Ch. de Montalembert.
[3] Voir Le Huérou, *Origines mérovingiennes*.
[4] Cette succession de peuples transrhénans nous est donnée par saint Jérôme. *Ep. ad Agenarium.*)

Les peuplades nomades des envahisseurs n'apportent au sein de la conquête que des noms individuels. Parmi les Visigoths, les moins barbares, on ne découvre guère que les noms d'Amalasonte, Amalaric, Amalfride, en souvenir d'*Amale*. Chez les Francs les noms des chefs ne sont que des marques d'origine, tels que les noms des députés francs qui concoururent à la rédaction de la loi salique, Wirogast, Bodogast, Salogast, rappelant qu'ils habitaient entre la Sale, le Bode et le Weser ; ou des surnoms, *Pharamond*, bouche véritable ; *Hludovich*, *Clovis*, *Louis*, fort, valeureux ; *Dagobert*, renommé aux armes ; *Clotilde*, fille illustre. Des transmissions ont lieu parfois, mais c'est au neveu, au petit-fils, à quelque leude illustre ausi bien qu'au fils. Pendant les deux siècles de luttes mérovingiennes, tant que la possession de la terre est troublée, l'hérédité des noms est contestable comme le sol lui-même. Cependant elle ne disparaît pas entièrement ; déjà les noms propres prennent les terminaisons *im*, *eim*, *er*, ce qui indique le séjour, l'habitation. Chez les Basques le mot correspondant *etsch*, *etsché*, vient précéder les noms : Etcheverry, Etchegoyen. La moitié des terres chez les Francs, le tiers chez les Burgondes avaient été laissés aux anciens propriétaires avec obligation du cens[1]. Elles étaient mentionnées sur un état, sur des registres, conformément aux usages de la maltôte romaine[2]. Ces registres indiquaient l'âge des membres de la famille, car avant vingt-cinq ans et après cinquante-cinq ans on était affranchi de l'impôt[3]. Il devait en être de même pour les terres franques. Bien que libres, elles assujettissaient leurs propriétaires : 1° à des dons lors de la tenue des champs de Mars ; 2° à des fournitures de denrées et de transport ; 3° et plus tard, sous Charlemagne, à l'obligation du service militaire. En de certaines circonstances les charges étaient imposées à toutes les propriétés, quelle que fût leur origine. Ainsi Charlemagne les fit contribuer toutes en 779 à l'occasion d'une famine, et Charles le Chauve en 877 pour payer aux Normands le tribut qui achetait leur retraite[4].

D'ailleurs les terres franques et gauloises donnaient lieu à des partages, à des cessions, à des legs ; elles devaient porter une désignation qui s'étendît à la famille, et réciproquement le nom de ses membres se rattachait d'une manière plus ou moins directe à la

---

[1] Il s'était formé une identité de position entre la noblesse franque et la noblesse gauloise, sauf le prix de compensation dû pour le meurtre d'après la loi salique, et qui était double quand il était commis sur un Franc. (Montalembert, *Moines d'Occident*, t. II, p. 238.)

[2] Voir Le Huérou, *Origines mérovingiennes*, p. 264 et sq.

[3] Code de Justinien, X, 49.

[4] Guizot, *Essai sur l'Histoire de France*, p. 101 et 108.

terre et à la désignation[1]. Les contributions[2] dont nous avons parlé impliquaient l'existence de rôles rappelée par Marculphe (19ᵉ form., liv. I.), et par Grégoire de Tours à l'occasion de la révolte sous Chilpéric (Hist., liv. V). Ces rôles maintinrent l'association des noms de terre et de famille, antérieurement à l'hérédité des bénéfices. Cette hérédité arrachée à la faiblesse des Carlovingiens[3] commença l'hérédité des noms, laquelle apparaît visiblement dès 987 (Du Tillet et Duchesne). « Quand les fiefs furent faits héréditaires et patrimoniaux, sur la fin de la seconde lignée de nos rois, la noblesse de France et d'autres pays prit des surnoms de ces principaux fiefs, ou bien ils imposèrent leurs noms à leurs fiefs et en firent un composé. » (La Roque, *Origine des noms*, chap. VII.)

Les noms de famille préexistaient, restreints sans doute, limités, mais incontestables, et nous ne pouvons admettre avec Mézeray et d'autres historiens, que leur hérédité ne commença que sous Philippe Auguste. Ces historiens invoquent l'exemple de fondateurs de dynasties ne portant que des noms propres, tels que Hugues, et le conquérant de l'Angleterre, Guillaume le Bâtard. Mais outre les témoignages contemporains[4], comment expliquer cette diversité infinie de noms qui nous entourent et les signes originaires celtes et romains qu'ils ont conservés ?

Sans doute les noms personnels restèrent plus apparents. Nonseulement le christianisme en répandant les noms de saints[5] mit les

[1] Nerestan, *nigrum stagnum*, ou *Nero stagno*; Noirmoutier, *nigrum monasterium*; Blanc, Mesnil, Rochechouart, *Rupes nigra*, *Schwartz* en tudesque; Mortemart en France, Mortimer en Angleterre, de *Mortuum mare*; Duchâtel, Richelieu, Maisonfort, Calmon, de *mons Calvus*; Grand-mont, Grammont, Val, Marais, Grange et tous leurs composés.

[2] En 615, dans l'assemblée tenue à Paris, Clotaire promet de révoquer toutes les charges indûment imposées à la propriété. En 817, à Aix-la-Chapelle, Louis le Débonnaire dresse la liste des monastères qui lui devaient des dons, et de ceux qui en étaient exempts. (Voir les t. XLV et XLVI de l'Académie des inscriptions, et les Capitulations : de 789, art. 16., de 805, art. 20, de 819, art. 4.)

[3] En 877, Charles le Chauve autorisa ses fidèles à disposer après sa mort comme il leur conviendrait des bénéfices qu'ils tenaient de lui, sous la condition qu'ils ne les transmettraient qu'à des hommes capables de servir l'État.

[4] Voir notamment le testament d'Aredius, au sixième siècle, et la *Vie des Pères*, où il est dit que saint Gall, au commencement du septième siècle, était d'une famille illustre par son père George, surtout par sa mère Léocarde, qui était de la famille Ventius Egapotes, la plus illustre des Gaules.

[5] Les Bollandistes en ont inscrit 25,000 dans leurs Annales. La dévotion aux saints dans chaque province explique que certains noms s'y soient vulgarisés; ainsi Gilbert en Auvergne, Bénigne et André en Bourgogne, René en Anjou, Thibault en Champagne, Richard et Guillaume en Normandie. Ce dernier était tellement répandu qu'à un festin donné en France par Henry, duc de Normandie, fils de Henri II d'Angleterre, il se trouva, nous raconte Montaigne, 110 chevaliers portant le nom de Guillaume, sans mettre en compte les simples gentilshommes et serviteurs.

noms de famille dans une obscurité relative[1], et sembla faire des noms de baptême une désignation exclusive, comme il arrive encore aujourd'hui pour nos évêques ; mais la classe nombreuse des propriétaires du sol conserva les noms de famille. En ce qui les touche, il faut voir dans les événements politiques qui ne se sont produits qu'à partir du onzième siècle, tels que les croisades et l'affranchissement des communes, non point une cause créatrice, mais la raison d'une plus grande extension.

Antérieurement à la première croisade, qui eut lieu comme on sait en 1096, les chartes font connaître bien des noms de famille dérivant soit des fiefs qu'on possédait, soit du droit de naissance. Ainsi en 973, en Bretagne, on trouve Hylias de Lynico ; en 1020, une bulle du pape Calixte en faveur de Guillaume et de Godefroy de Porcelet, porte que Godefroy, conjointement avec le comte de Provence et l'archevêque d'Arles, prendra les armes contre le comte Alphonse pour la défense de l'abbé de Saint-Gilles. En 1029, les chartes mentionnent Alain Cainart, de la maison de Dinan, et *Gaufrid de Fou*, et en 1020 et 1702, Durand de *Roarmois* et *Ismien* de Sassenage.

Les noms ne furent pas les seules désignations individuelles ; de tout temps il y eut des surnoms, des emblèmes et des symboles. Eschyle nous a transmis la description des figures que les sept chefs portaient devant Thèbes[2].

Virgile fait dire à Corèbe (*Énéide*, liv. II, vs. 389) :

> Mutemus clypeos Danaumque insignia nobis
> Aptemus...

Les descendants de M. Valerius Corvinus portaient un corbeau sur leurs casques, et ceux de Manlius Torquatus gardaient comme symbole un collier.

---

[1] La religion catholique n'imposa pas tout à coup les noms de baptême. Dans les premiers temps, le baptême se donnait à tout âge, et souvent à l'article de la mort. Un siècle après Clovis, on trouve des grands seigneurs francs encore païens. Il est remarquable que ce n'est qu'au milieu de l'Europe chrétienne que les juifs prirent, à l'imitation des noms de saints, les noms de l'Ancien Testament, Abraham, Isaac, Moïse, Salomon ; jusque-là ils regardaient comme une profanation de porter ces noms vénérés.

[2] Tydée portait sur son bouclier l'image de la Nuit ; Capanée, un Prométhée la torche à la main, avec ces mots : « Je réduirai la ville en cendres ; » Étéocle, un soldat montant à l'assaut, et pour devise : « Mars lui-même ne m'arrêterait pas ; » Hippomédon, Typhée vomissant des flammes ; Parthénopée, un Sphinx écrasant un Thébain ; Amphiaraüs n'a pas de symbole, mais son fils Alcméon porte sur un bouclier uni cette devise : « Il ne cherche pas à paraître meilleur, mais à l'être. » Polynice porte le symbole de la Justice le conduisant tout armé, avec ces mots : « Je te rétablirai. »

Nos ancêtres, les Gaulois, avaient adopté certaines images militaires qui distinguaient les chefs. Dans certaines contrées, ils traçaient sur leur corps des dessins et des peintures [1] ; de là le nom de Picti, Pictes, Poitevins. On a coutume de dire que les armoiries n'apparurent en France qu'avec les croisades ; nous croyons qu'elles naquirent avec les tournois, qui sont antérieurs aux croisades. Dès le neuvième siècle, en effet, apparaissent ces joutes militaires. En 842, les deux frères Louis le Germanique et Charles le Chauve, réunis à Strasbourg après la défaite de Lothaire, prennent part à des tournois avec leurs seigneurs gascons, saxons, allemands, austrasiens [2]. Lorsque Henri Ier l'Oiseleur institua les tournois en Allemagne, il exigea de ceux qui voulaient y être admis la preuve de douze quartiers de noblesse. Ainsi il y avait des familles dont la noblesse remontait à deux ou trois siècles. N'est-ce pas là un argument de plus en faveur de l'hérédité des noms de famille? Comment sans cette hérédité aurait-on pu établir la filiation? Dans les tournois du dixième et du onzième siècle les armoiries apparaissent. En Alsace les armes du comte d'Eguisheim ou Hapsbourg, des familles de Hanau et Ratzamhausen remontent à cette époque, ainsi que nous croyons l'avoir établi dans notre histoire de la réunion de l'Alsace à la France. Pour les Flandres, il existe un sceau du comte Robert Ier, de l'an 1072. Robert y est représenté à cheval, tenant d'une main une épée, et de l'autre un écu sur lequel est un lion; or il est à remarquer que le lion représente les armes des Flandres, comme il était le symbole des Celto-Belges. En Languedoc, on a retrouvé les armes de Raymond, comte de Toulouse, à la date de 1088 : elles représentent sur un écu simple une croix clichée, vidée et pommelée d'or.

Nous croyons donc pouvoir affirmer qu'avant le onzième siècle, avant les croisades, il existait à la fois un certain nombre de noms de famille et des armoiries qui les représentaient. Ces grandes expéditions les multiplièrent. Au milieu de ces multitudes, ce fut un besoin pour les chefs de se distinguer entre eux. Après la possession des terres données en alleu, ou conservées par les Gallo-Romains, après l'hérédité des bénéfices, après les tournois, les croisades furent une des causes puissantes des signes représentatifs, noms, armes, et de leur hérédité. Il se créa une langue chevaleresque et emblématique, la langue des armoiries, qui par des dessins et des images fut comprise et parlée par toute l'Europe. La croix, les bezants, pièces de monnaie frappées à Byzance, les coquilles, les têtes de Maure,

---

[1] Cet usage subsistait encore dans quelques provinces d'Angleterre au huitième siècle. Le concile de Calcut, en 787, le condamna comme une impiété païenne.
[2] *Histoire d'Alsace* par Laguille.

rappellent les croisades. Le lion et l'aigle sont le symbole de force. Le chien dit le droit de chasse. Les mains, la foi jurée. L[es] lances, les épées, les tours, signifient les actions guerrières. La torch[e] les flambeaux figurent la science, l'invention. Souvent les noms et l[es] armes se confondirent en se donnant mutuellement naissance. Cet[te] connexité est très-commune en Allemagne. Ainsi les noms de fami[lle] Schwartzenberg, montagne noire, Oxenstiern, front de bœuf, Spa[r] chevron, Bar et ses dérivés, ours, Katzen, chat, etc... se reprod[ui]sent dans les armes de ceux qui les portent. Il en est de même po[ur] un grand nombre de familles françaises. Ainsi les Château, les Latou[r] portent des tours crénelées ; les Loubens, Louvet, des loups[1], e[tc.]

De même qu'il y eut des armes parlantes pour la Noblesse, il y e[n eut] pour le peuple des dénominations empruntées à la figure, aux qu[a]lités et aux défauts, par analogie et par imitation de ce que no[us] avons vu pratiquer chez les peuples anciens. Mais ces noms ne [se] généralisèrent qu'au seizième siècle. Tels sont les noms de Legran[d] Camus, Lecourbe, Lesage, Clément, Doucet, Lesourd. Plusieu[rs] furent empruntés aux dignités, aux professions : Lécuyer, Lecler[c] Doyen, etc... Mais le plus grand nombre aux êtres vivants et a[ux] plantes[2].

Les croisades eurent, en ce qui regarde l'hérédité des noms, u[ne] action directe sur la noblesse, indirecte sur les autres classes. L[es] seigneurs grands propriétaires, indépendamment des concessio[ns] qu'ils faisaient, à titre de bénéfice, aux hommes qu'ils voulaient s'a[t]tacher comme vassaux, à l'imitation de ce que les rois avaient fa[it] pour eux, distribuaient une grande partie de leurs terres à de sim[]ples colons, qui les cultivaient à charge de cens, ou d'autres servit[u]des. Cette distribution se fit dans des formes et dans des conditio[ns] diverses ; de là toutes ces dénominations de métairies : *Mansus, Ind[o]minicatus, Ingenuilis, Servilis, Tribulatus, Vestitus*[3].

Avec les croisades, le lien du suzerain au colon et au vassal s'a[f]faiblit, et ces derniers acquirent de nouveaux droits sur le sol qu'[ils] faisaient valoir. Leur émancipation fut aidée par deux grands fait[s :] l'affranchissement des serfs royaux[4], et l'institution des commune[s]

---

[1] Nous pourrions encore citer de Bar, deux barres d'or adossées ; Bouhier, d'az[ur] au bœuf d'or ; Berbysy, d'azur à une brebis d'argent ; Duchêne, un chêne ; Créq[uy] d'or au créquier de gueule ; d'Espeigne, un peigne ; Dauphin, un dauphin ; de Fresn[e] d'or au fresne de sinople ; Deshayes, d'azur à deux haies d'or ; Hersy, d'azur à tr[ois] lierses d'or ; Salm, de gueul à deux saumons adossés d'or ; Vignoles, de sable [au] cep de vigne d'argent.

[2] Voir les nomenclatures détaillées de M. de Coston.

[3] Guizot, *Essai sur l'histoire de France*, p. 181.

[4] En 1315 et en 1316. Louis le Hutin força les serfs à acheter des lettres d'affra[n]chissement.

Tout ce qui se fit à partir du onzième siècle, depuis Louis le Gros jusqu'à Louis XI, pour combattre la féodalité, profita à la bourgeoisie. L'émancipation fut lente et graduelle; parallèlement au développement de l'État, des personnes et de la propriété, l'hérédité des noms de famille se consacre et se développe [1].

Dans les campagnes, ils restèrent longtemps inconnus [2]. Là où il n'y avait pas de propriété, les noms étaient inutiles.

Les habitants des campagnes se distinguaient par quelques surnoms, et le plus souvent par des diminutifs [3] variés de prénoms chrétiens. Ce n'est que quand la classe moyenne fut définitivement propriétaire, quand elle eut reçu l'investiture des états généraux, quand elle s'abrita sous une organisation municipale, qu'elle unit ses professions par des tributs, des maîtrises et des jurandes, que la famille fut fondée, et avec elle les noms qui la consacraient. L'exemple de la France, cette grande initiatrice, fut suivi par les autres peuples.

Plus tardivement chrétienne, l'Allemagne abandonna plus tardivement aussi ses noms païens. En Italie, on n'aperçut guère les noms héréditaires que vers le dixième siècle; ils ne se multiplièrent à Venise qu'aux douzième et treizième siècles. En Pologne, ce ne fut qu'au quinzième. De 1404 seulement, date la notoriété des noms nobles en Pologne. La Russie fut plus tardive encore : en 1584, on y comptait beaucoup de maisons nobles qui n'avaient que des noms propres.

Et cependant, telle est l'universalité de la semence des premiers noms, que l'on retrouve pour la première dynastie russe le nom scandinave de Rod-ric, et le même nom Rodrigues (Rod-ric) porté par le dernier roi des Visigoths qui perdit la bataille de Xérès.

Voilà le rudiment sommaire des noms encore usités aujourd'hui. Il y faut ajouter les noms venus de l'étranger à certaines dates, no-

---

[1] La ville de Metz voyait encore au treizième siècle ses principaux magistrats, qui tous étaient chevaliers, porter, au lieu des noms de famille, des surnoms personnels ou dérivés des signes de leur figure, du lieu de leur habitation, de leurs fonctions : Gros-nez, Belle-barbe, de la Poterne, de la Porte-Sailly, etc. (Voyez la liste des maîtres échevins de Metz institués en 1170, imprimée en 1775 dans le *Vocabulaire austrasien* de J. François.)

[2] Au dernier siècle, en Dalmatie, à l'île d'Elbe, les noms de famille n'étaient pas d'un usage général. Au nord de l'Allemagne, dans l'Oldembourg, en 1826, il y a quarante ans, une ordonnance du grand-duc dut imposer l'obligation des noms de famille.

[3] En Bresse, la femme d'un paysan nommé *Grelot* s'appelait *la Grelotte*; en Bretagne, la femme de *Lapoy*, *Lapoyte*; en Poitou, l'homme *Roulant*, la femme *Roulante*, le fils, *Roulu*, la fille, *Rouluche*. (*Mémoires de la Société des antiquaires*, t. I, p. 225.)

tamment après nos guerres, et en tout temps par la force attractive qui est en nous.

Ce n'est qu'au seizième siècle que les noms de famille eurent une existence légale et régulière. En 1539, François Ier ordonne que l'état des personnes soit établi au moyen de registres tenus dans toutes les paroisses. Jusque-là on écrivait dans les livres chartiers et sur les pages de la Bible les principaux événements des familles, mais il n'y avait ni obligation, ni uniformité. En 1555, Henri II, par son édit d'Amboise, fait défense à toutes personnes de changer de nom ni d'armes sans avoir obtenu des lettres de dispense et permission, à peine d'une amende de 1,000 livres et d'être puni comme faussaire. Cette ordonnance fut renouvelée en 1692 par Louis XIV, qui déjà, par son ordonnance de 1667, avait exigé que les actes fussent dressés devant témoins.

Un édit de 1696 ordonna le recensement de la population, glorieux inventaire qui comprenait les dernières conquêtes : la Franche-Comté reprise à l'Espagne, l'Alsace cédée par l'Empire. De Louis VI à Louis XIV, la royauté, tour à tour hardie et patiente, mais toujours infatigable, portant incessamment ses forces du centre à la circonférence, prolongeant de toutes parts l'étroit domaine de Hugues Capet, avait reconquis pied à pied le territoire de l'ancienne Gaule, et s'arrêtait, ayant créé notre France.

A ce moment, tout fût coordonné dans la même unité ; le pouvoir, la loi, la langue. Jamais le principe de l'hérédité ne fut plus puissant, la hiérarchie, plus absolue.

Le recensement de 1696 avait révélé qu'il existait cent mille nobles; c'était le fronton de l'édifice descendant par étages jusqu'aux échevinages et aux corporations qui en formaient les assises. Dans une société ainsi rangée, étiquetée, jamais pour les castes privilégiées le nom n'eut plus d'importance. On s'efforçait de remonter dans le passé pour en reculer l'origine. A l'imitation des officiers de Louis XII, qui, dans l'expédition d'Italie, portaient sur leurs bannières la devise : *Ultus avos Trojæ*, on cherchait à se donner pour ancêtres les descendants de Priam ; et les annales du parlement ont conservé la réclamation de la famille de Jessé qui, invoquant le laurier de ses armes, voulait prouver qu'elle se rattachait à la tribu de la Vierge.

Que reste-t-il de cette pompeuse ordonnance, où la vanité se mêlait à la gloire? Dans le tremblement des révolutions et de la vie humaine, on ne recueille que des débris. Que reste-t-il de ces dynasties ducales qui ont gouverné nos provinces? que reste-t-il de ces grands guerriers, de ces connétables : Du Guesclin, Clisson, Créquy, Lesdiguières, qui se sont transmis la glorieuse épée de la France? de ces duchés-pairies qui étaient, il y a moins de deux cents ans, les éclatants rayons du trône de Louis XIV? Le temps n'a épargné que quelques noms : d'Uzès, la Trémoille, de Luynes, Rohan, Grammont, Mortemart, Noailles, d'Harcourt, Fitz-James et Valentinois. De nos jours, n'avons-nous pas vu le grand nom de Condé s'éteindre dans une double catastrophe [1]? Des cent mille nobles du recensement de 1696, il n'en survit pas dix mille qui pourraient prouver une filiation régulière. Pour ne citer qu'un exemple, l'Anjou, cette noble terre qui a donné des rois à l'Angleterre, à la Provence, à la Sicile, compte à peine aujourd'hui dix familles ayant une importance véritablement historique, parmi lesquelles les Beauvau, les Brissac, les Scépeaux, les d'Aubigné, les Contades, etc.

De ce tableau de la noblesse, au dix-septième siècle, que vénérait Dangeau, que raillait déjà Saint-Simon et dont Versailles nous a conservé le cadre, les couleurs se sont bientôt altérées. L'indifférence du Régent, les secousses que l'agiotage de Law donna à toutes les classes de la société, enhardirent les usurpations. Jamais elles ne furent plus fréquentes.

Bien des gens convaincus avec la Bruyère « qu'il n'y a pas au monde un si pénible métier que celui de se faire un nom, et que la vie s'achève qu'on a à peine ébauché son ouvrage, » achetèrent des terres et des charges [2] pour transformer le leur. Tout céda à ce mouvement, même les philosophes de l'Encyclopédie, et l'on vit le plus célèbre d'entre eux, Voltaire, devenu gentilhomme de la chambre, prendre pour armes « d'azur à trois flammes d'or. » En vain après Lawfeldt, après Fontenoy, on voulut, par l'édit de 1750, retremper la noblesse dans sa source la plus glorieuse, le service militaire, et la conférer aux chevaliers de Saint-Louis. Cette ardeur de préférer « les honneurs à l'honneur [3] » continua d'entraîner la bourgeoisie, et à la veille de la Révolution, le généalogiste Chérin affirmait que les quatre cinquièmes de la noblesse étaient sans valeur. La nuit du 4 août vit

---

[1] A ces pairies qui remontent pour les Crussol à 1572, pour les La Trémoille (Thouars) à 1595, les de Luynes à 1619, les Rohan-Chabot, les Grammont, à 1648, les Mortemart à 1650, les Noailles à 1665, les d'Harcourt à 1700, les Fitz-James à 1710, les Valentinois à 1715, il faut ajouter, à partir de Louis XIV, dans une succession directe et masculine : Broglie, 1742 ; la Rochefoucauld-Liancourt, 1758 ; Clermont-Tonnerre, 1775 ; Choiseul-Praslin, 1764 ; Polignac, 1780 ; Brissac, Castries, Maillé, 1785 ; la Force, 1787. Ce tableau ne comprend ni les Biron, parce que la branche ducale est éteinte, ni les Luxembourg, Chaulnes et Duras, parce que ce sont les familles, et non les descendants des ducs, qui subsistent aujourd'hui.
[2] Il n'y eut pas moins de six mille places de secrétaires du roi conférant la noblesse.
[3] Montesquieu, ch. VII, l. VIII.

disparaître l'or et l'alliage. La loi de 1790 transforma en obligation le sacrifice volontaire.

Pendant seize ans, le nom fut la seule désignation personnelle. Il reçut des lois des garanties et des protections réitérées, depuis la loi du 20 septembre 1792, qui confia la tenue des registres à l'autorité municipale sous la surveillance du pouvoir judiciaire, jusqu'à la publication du code civil.

La loi du 6 fructidor an II défendit à tout citoyen de porter d'autres nom et prénoms que ceux de son acte de naissance, sous peine de six mois d'emprisonnement. En l'an XI, un arrêté du 21 germinal décida : 1° qu'on ne pourrait prendre pour prénoms que des noms en usage dans les anciens calendriers ou empruntés à l'histoire ; 2° que les tribunaux resteraient juges des questions de propriété des noms ; 3° que le gouvernement pourrait autoriser les changements de nom dans les formes présentées par les règlements d'administration publique et après que la demande soumise à la publicité[1] pendant un an aurait permis aux oppositions de se produire. En vertu de cet arrêté, près de trois mille noms ont été changés ou modifiés[2]. Cependant il se trouvait encore en France à cette époque toute une classe de citoyens sans état civil ; c'étaient les juifs ; et il fallut qu'un décret du 20 juillet 1808 leur imposât, sous peine d'expulsion du territoire, l'obligation de prendre un nom de famille ; ce nom ne pouvait être ni un nom de ville, ni un nom tiré de l'Ancien Testament. Cette absence de noms de famille chez les Israélites montre une fois de plus le sens historique des noms.

Le peuple juif, errant à travers le monde depuis la prise de Jérusalem par Titus, perd à la fois sa nationalité et ses désignations individuelles. Dans cet exil de dix-huit siècles, aucun lien n'unit entre elles les générations qui se sont succédé, tandis que, pour les races qui s'attachent au sol héréditaire, le nom se transmet comme le plus précieux des héritages. On peut, en comparant certaines contrées, mesurer le culte des ancêtres et l'amour du pays à la répétition des mêmes noms. La Bretagne, l'Alsace, qui inspirent à leurs enfants une affection si vive, voient se perpétuer autour des mêmes clochers les mêmes familles et les mêmes noms.

---

[1] Le décret du 8 janvier 1859, qui institue le conseil du sceau des titres, dispense, par son article 10, de toute publicité pendant deux ans les demandes fondées sur une possession ancienne ou notoire et consacrée par d'importants services.

[2] Parmi ces noms, plus de sept cents ont reçu la particule ; or aux termes du rapport fait au Corps législatif en 1858, la particule est un titre. « Dans nos mœurs, y est-il dit, elle décore le nom presque à un égal degré ; elle en fait partie, se communique et se transmet. »

La période républicaine ôta aux noms leurs attributs, mais laissa son empreinte sur les prénoms. La plupart sont empruntés à la démocratie romaine : Brutus, Scævola... Ce ne serait pas une étude sans curiosité que de rechercher quelle a été sur les prénoms l'influence des événements politiques, d'un homme illustre ou même la popularité d'un livre. Combien Rousseau n'a-t-il pas baptisé d'Émiles ! Combien, en Angleterre, les héroïnes de Richardson n'ont-elles pas répandu leur prénom ! C'est ainsi que les poëtes italiens du moyen âge et de la Renaissance ont multiplié les prénoms de Béatrix, Laure, Tancrède, Roger, Godefroy. C'est ainsi que de l'hôtel de Rambouillet sont sortis les noms de Phœbus, Alcide, Isménie, Araminte. M. Scott, dans un livre récent, a fait l'histoire du prénom. Il montre la valeur de cette appellation intime, qui appartient tout entière à la famille et aux affections, de cette désignation volontaire qui trouve des vibrations dans les plus secrets replis du cœur.

Depuis que ce siècle est ouvert, les noms eux-mêmes portent le reflet des traits qui dominent dans notre caractère national, à savoir le désir des distinctions et le jaloux amour de l'égalité. Ils sont tour à tour ornés ou dépouillés, suivant les alternatives de la lutte entre ces deux sentiments, ces deux passions. Cette rivalité se rencontre à chaque page de notre histoire contemporaine. Le lendemain du jour où le Consulat s'élevait sur des ruines nivelées, il institua la noblesse viagère de la Légion d'honneur, qui donne aux actions généreuses et aux grands services dont le principe est l'honneur la récompense, si française, de l'honneur lui-même, et il imposa aux nouveaux chevaliers le serment de se dévouer « au service de la république et de combattre toute entreprise tendant à rétablir le régime féodal ou à reproduire les titres et qualités qui en étaient l'attribut [1]. » Deux ans plus tard, un sénatus-consulte du 28 floréal an XII crée les grandes charges de l'empire, dignités inamovibles qui comprenaient l'archi-chancelier, l'archi-trésorier, le grand-électeur. La loi du 3 mars 1806 institua des fiefs sur les territoires conquis, et les donna en dot et en nom à ces illustres généraux dont le poëte a dit :

---

[1] Article 8 de la loi du 29 floréal an X. Aux termes de l'article 1er, la Légion d'honneur ne pouvant s'ouvrir qu'aux militaires ayant rendu des services majeurs à l'État, ou aux citoyens qui par leur savoir, leurs talents, leurs vertus, auront contribué à établir ou à défendre les principes de la république, le nombre des légionnaires ne pouvait dépasser 6,000. Il s'est élevé par une progression analogue à celle des titres. En 1814, à la chute du premier empire, il était de 29,000 ; en 1830, de 42,000. Aujourd'hui, malgré le décret réformateur du 16 mars 1852, qui déclarait que le nombre était trop considérable (art. 5), il est de 62,000.

> Le glaive impérial qui détruit et qui fonde,
> Pour vous en écussons découpera le monde[1].

A ces titres légitimes que la gloire militaire élève et consacre, et à qui la poudre de la bataille donne pour ainsi dire tout d'un coup l'antiquité, mieux que ne pourrait faire la poussière du temps, il s'en joignit d'autres dans l'ordre civil. Ceux-ci furent plus difficilement acceptés par l'opinion, parce qu'ils s'étendaient uniformément aux fonctions suivant les degrés de la hiérarchie judiciaire et administrative, et parce qu'on retrouvait en trop grand nombre parmi les nouveaux affranchis de la roture de cruels conventionnels dont les mains étaient rouges encore du sang d'un roi.

La noblesse impériale avec sa valeur inégale survécut à son fondateur, et se juxtaposa, sans s'y mêler, à l'ancienne noblesse restaurée. Alors la tendance du gouvernement vers les substitutions, les majorats, le droit d'aînesse, rencontre le courant démocratique, grossissant chaque jour, et le lendemain de la révolution de Juillet, ce courant vainqueur, en supprimant du code la disposition qui punissait l'usurpation des titres, leur porta une sensible atteinte.

La vanité ne désarma pas cependant : le besoin de « paraître[2] » qui est dans notre nature, encouragé par l'impunité, ne s'arrêta même pas devant l'avènement du suffrage universel, et jamais les usurpations ne furent plus audacieuses[3].

L'excès fut tel, que le gouvernement crut devoir lui opposer comme barrière la loi répressive de 1858.

Le premier Empire a créé 9 titres de princes : Bénévent-Talleyrand, Eckmuhl-Davoust, Essling-Masséna, Guastalla-Borghèse, Moskowa-Ney, Neuchâtel-Berthier, Parme-Cambacérès, Ponte-Corvo-Bernadotte, Wagram-Berthier. — 32 ducs : Abrantès, Albuféra, Auerstædt, Bassano, Bellune, Cadore, Castiglione, Clèves et Berg, Conegliano, Dalberg, Dalmatie, Dantzick, Decrès, Elchingen, Feltre, Frioul, Gaëte, Istrie, Massa, Montebello, Otrante, Padoue, Plaisance, Raguse, Reggio, Rivoli, Rovigo, Tarente, Trévise, Valmy, Vicence. — Il a fait 388 comtes, dont 42 avec majorats, 84 avec dotations impériales ; 1090 barons dont 164 avec majorats, 304 avec dotations impériales. Total, 1519, auquel on peut ajouter les chevaliers de l'Empire qui, en justifiant de 3000 livres de revenu, pouvaient rendre leur titre héréditaire.

La Restauration fit 17 ducs : Avaray, Blacas, Cader usse (Gram-

---

[1] *Napoléon en Égypte*, Barthélemy et Méry.
[2] Montaigne et d'Aubigné.
[3] Exposé des motifs de la loi de 1858.

mont), Des Cars, Crillon, Damas, Damas-Crux, Decazes, La Châtre, Marmier (Choiseul), Montesquiou-Fezensac, Narbonne-Pelet, Rauzan-Chastellux, Richelieu (Jumilhac), Rivière, Sabran. Elle créa 70 marquisats parmi lesquels 30 appartenaient à la pairie. Tous, moins 7, étaient constitués en majorats. Elle conféra 83 titres de comte, 62 titres de vicomte, 215 titres de baron, et donna 785 lettres de simple noblesse. Total 1232.

Le gouvernement de Juillet éleva au rang de duc, le maréchal Bugeaud, M. de la Rochefoucauld-d'Estissac, et le baron Pasquier il fit en outre 19 comtes, 17 vicomtes et 59 barons. Total 98.

Le gouvernement actuel ne conféra de titres qu'à partir de 1856, lorsqu'il nomma le maréchal Pélissier duc de Malakoff. Après lui 11 autres ducs furent créés : Cambacérès, Mac-Mahon, Tascher, D'Alberg, Morny, Châtellerault, Montmorot, Persigny, Feltre-Goyon, Auerstædt, Montmorency. Il fut créé 19 comtes et vicomtes, et 21 barons, 368 particules furent accordées par décrets insérés au *Bulletin des lois*. Un certain nombre de titres et de collations de la particule n'ont pas été rendus publics. L'ensemble des noms qualifiés ou modifiés par des attributs de noblesse peut être évalué à 500. Ainsi, depuis 60 ans, pendant les quatre gouvernements qui se sont succédé, il a été fait plus de 3000 anoblissements. En dehors de ces concessions de l'autorité souveraine, de nombreuses usurpations signalées par l'exposé des motifs de la loi de 1858 ont grossi singulièrement les dictionnaires généalogiques, et ceux qu'on publie aujourd'hui, soit avec des preuves régulières, soit en admettant la prescription, inscrivent parmi la noblesse plus de 50,000 familles. On n'a tenu compte ni de l'ordonnance de 1817, qui ne permet la dévolution des titres inférieurs qu'aux fils des pairs, ni de l'ordonnance du 10 février 1824, qui déclare qu'aucun titre héréditaire ne sera conféré à l'avenir que si une dotation y est attachée.

La lutte existe toujours entre les défenseurs du principe démocratique qui n'admettent que le mérite personnel et les partisans de la noblesse.

L'opinion, ce souverain juge, incline chaque jour davantage vers une transaction. Elle admet le passé quand il est régulier et incontestable; elle admet la légitimité de l'héritage, et ne conteste pas que l'éclat des ancêtres étende son reflet sur les noms qu'ils transmettent. Comment ne pas reconnaître, en effet, que ravir aux Montmorency les alérions qui rappellent les glorieux étendards de Bouvines, ou reprendre aux Masséna les trophées conquis à Wagram, ce serait à la fois commettre une injustice et renier les plus grandes pages de notre histoire. Mais en ressuscitant certaines formes du passé, dans une société qui se transforme chaque jour davantage sous le niveau du Code civil et le souffle grossissant de la démocratie, n'est-ce pas s'exposer à rencontrer la raillerie d'un monde devenu incrédule à des résurrections qui ne rencontreraient que la sévérité de ses jugements? Pour fortifier cette pensée par une autorité à qui l'enseignement des fortunes les plus diverses a pu découvrir la vérité, nous lisons dans un livre cité souvent : « Conférer des titres nouveaux qui seraient sans autorité et sans prestige, c'est courir après le reflet d'une chose qui a disparu...; créer à la sourdine quelques petits ducs, c'est froisser sans but et sans résultat les sentiments démocratiques de la majorité. C'est un anachronisme [1] ».

Comme l'a si bien dit M. Forcade [2] : « Excellence de mérite, grandeur des services, éclat du succès, le nom porte tout aujourd'hui. Le nom seul est grand. On attribue à Napoléon cette parole : « Si Corneille « avait vécu de mon temps, je l'aurais fait prince. » Le bel honneur pour Corneille s'il avait été prince Corneille comme le prince Cambacérès ! » Parmi les hommes vraiment illustres de notre temps, combien peu consentiraient à ajouter à leur nom un ornement qui en les classant les diminuerait ! Oui, l'on peut dire que les grands noms dominent les titres, tandis que les petits en sont couverts. Le nom acquis dépassera toujours le nom transmis, et la traduction charmante de cette vérité dans ces vers de Charles IX à Ronsard :

> Tous deux également nous portons des couronnes :
> Mais roi, je la reçois, poëte, tu la donnes.

aura partout son écho.

En jetant un regard en arrière sur ces lignes que nous venons d'écrire et qui ne sont que l'ébauche d'une étude que nous développerons, on peut dire, en résumant, que les noms propres confondent leur origine et leur étude avec l'origine et l'étude des langues; qu'ils étaient primitivement des noms communs ayant tous un sens, une signification; qu'ils traduisent le caractère des peuples et portent tour à tour l'empreinte théocratique, féodale et démocratique; qu'ils expliquent souvent par les changements qu'ils ont subis les révolutions et les événements politiques; qu'enfin ils prennent une importance et une dignité proportionnées aux progrès des sociétés; qu'aujourd'hui leur valeur dépasse celle des plus pompeuses qualifications dont on les puisse orner.

---

[1] *Œuvres de Napoléon III*, t. II, p. 51 et suiv.
[2] *Revue des Deux Mondes*, juillet 1852.

Tels sont quelques-uns des traits de l'histoire du nom, ce lien précieux des familles et qui en consacre l'hérédité. Cette hérédité, base des monarchies, fait la loi des successions ; et quand on lui accorde le droit de donner le pouvoir et la fortune, comment contester qu'elle transmette aussi la gloire du passé ? Si nous effaçons le mérite des ancêtres, le mérite présent s'effacera à son tour pour la postérité, et nous aurons perdu le mobile le plus noble et le plus puissant des efforts humains. Non, au-dessus des petites vanités qui s'attachent aux ornements passagers, il y a un sentiment élevé, impérissable, qui porte l'homme à prolonger son nom au delà de la vie. Un grand poëte païen, Horace, s'écriait : *Non omnis moriar*, et le plus grand orateur chrétien, Bossuet, a dit : « C'est une consolation en mourant de laisser son nom en estime parmi les hommes, et de tous les biens humains, c'est le seul que la mort ne peut nous ravir. »

PARIS. — IMP. SIMON RAÇON ET COMP., RUE D'ERFURTH, 1.

www.ingramcontent.com/pod-product-compliance
Lightning Source LLC
Chambersburg PA
CBHW060944050426
42453CB00009B/1120